La palabra es tu varita mágica

Conoce el Secreto

La palabra es tu varita mágica

Conoce el secreto

Florence Scovel Shinn

EMU *editores mexicanos unidos, s. a.*

D. R. © Editores Mexicanos Unidos, S. A.
Luis González Obregón 5, Col. Centro,
Cuauhtémoc, 06020, D. F.
Tels. 55 21 88 70 al 74
Fax: 55 12 85 16
editmusa@prodigy.net.mx
www.editmusa.com.mx

Coordinación editorial: Marisol González Olivo
Diseño de portada: Arturo Rojas Vázquez
Formación y corrección: Equipo de producción de
Editores Mexicanos Unidos

Miembro de la Cámara Nacional
de la Industria Editorial. Reg. Núm. 115.

Queda rigurosamente prohibida la reproducción
total o parcial de esta obra por cualquier medio
o procedimiento, incluida la reprografía y el tratamiento
informático, sin permiso escrito de los editores.

1a edición: Septiembre de 2007
2a reimpresión: Marzo de 2010

ISBN (título)   978-968-15-2314-5
ISBN (colección)   978-968-15-2317-6
Impreso en México
Printed in Mexico

Prólogo

Florence Scovel Shinn enseñó metafísica en Nueva York durante muchos años. Sus clases siempre fueron muy concurridas y de esa manera ella pudo ofrecer su mensaje a un número considerable de personas.

Sus libros se han difundido extensamente, no sólo en Estados Unidos sino también en otros países, como si tuvieran una especial habilidad para encontrarse en los lugares más remotos de Europa y otras partes del mundo, ya que ocasionalmente alguien ha conocido su mensaje después de encontrar un libro de Florence Scovel en el lugar más insospechado.

El secreto de su éxito es que siempre fue ella misma: sencilla, fresca, amistosa y con un gran sentido del humor. Nunca pretendió escribir de una manera formal o erudita. Por esta razón logró atraer el interés de miles de personas que pudieron recibir el mensaje espiritual de una forma convencional y digna, leyendo sus libros básicos de metafísica.

Ella misma fue muy espiritual, aunque lo disimulaba detrás de un comportamiento práctico y de una posición aparentemente despreocupada ante el tema. No era una mujer centrada en aspectos excesivamente técnicos o académicos. Enseñaba de una manera sencilla, práctica e ilustrada con ejemplos cotidianos.

Era parte de una de las familias más antiguas de Filadelfia, y antes de ser maestra de la Verdad había sido una connotada artista e ilustradora de libros.

Este libro es producto de la recopilación de sus notas y minutas. Ojalá que tenga una amplia difusión.

EMMET FOX.

La palabra es tu varita mágica

La palabra del hombre es una varita mágica cargada de poder.

En las enseñanzas de Jesucristo, las palabras tenían un lugar destacado; siempre insistió en el poder de la palabra: "Por tus palabras serás justificado y por tus palabras serás condenado" y "La muerte y la vida están en el poder de la lengua".

La palabra del hombre es como una varita mágica que puede cambiar una situación adversa. Puede trasmutar la tristeza en alegría; alejar la enfermedad y atraer la salud y el bienestar; las carencias son sustituidas por la abundancia.

Un día una mujer vino a verme para que le hiciera un tratamiento para la prosperidad. Sólo tenía dos dólares.

Le dije: "Vamos a bendecir los dos dólares y vas a pensar que tienes la bolsa mágica del espíritu, la que nunca se puede acabar; siempre que el dinero salga de ella, inmediatamente se volverá a llenar, por la gracia de los senderos perfectos. Veo la bolsa atestada, repleta con dinero: billetes de todas las denominaciones, cheques, oro, plata y monedas. La veo colmada por la abundancia".

Entonces la mujer agregó: "Siento mi bolso pesado por tanto dinero". Y era tanta su fe que me dio uno de los dólares que poseía como prueba de su afectuoso agradecimiento. No me atreví a rechazarlo, ni siquiera sabiendo que le hacía falta, pues era importante que siguiera manteniendo la imagen de la prosperidad.

Al poco tiempo me llamó para comentarme que le habían obsequiado seis mil dólares. Su fe inquebrantable y la palabra hablada habían hecho que esto sucediera.

Este ejemplo de la afirmación de la bolsa mágica es muy poderoso, pues genera en la mente una imagen vívida. Es imposible no ver la bolsa o la cartera llena con dinero cuando utilizas las palabras "atestada" o "repleta".

Esta facultad de formar imágenes es muy poderosa, por lo que es fundamental escoger las palabras adecuadas que permitan ver en un instante la realización de la demanda. Nunca debes forzar una imagen al visualizarla. Tienes que dejar que la idea divina ilumine repentinamente tu mente consciente; entonces el estudiante estará trabajando según el diseño divino.

(Ver *El juego de la vida y cómo jugarlo*).

Una de las enseñanzas de Jesucristo fue: "Conoce la verdad y la verdad te hará libre".

El hombre debe buscar la verdad en cada una de las situaciones que tiene que afrontar. Debe saber que no hay verdad en la carencia o la restricción. Sólo tiene que mover la varita de su palabra para que florezcan rosales en el desierto.

Su palabra es la varita que trasforma un fracaso aparente en éxito.

Sabe que sus recursos universales son inagotables e inmediatos y que todo lo que necesita se manifiesta instantáneamente en lo externo.

El poder se mueve, pero no podemos moverlo. Cuando el hombre se mantiene en calma y serenidad tiene buen apetito, se siente contento y feliz aunque las apariencias sean adversas, es entonces cuando decimos que ha alcanzado la maestría y puede lograr el poder para "dominar los vientos y apaciguar las tempestades".

El temor, la duda, la ansiedad, la cólera y el resentimiento debilitan nuestro cuerpo y todas sus células, sacuden al sistema nervioso y provocan enfermedades y desastres. Cuando controlamos de manera absoluta nuestras emociones es cuando podemos lograr felicidad y salud.

Una mujer, amiga mía, que vivía a orillas del mar, se levantó una mañana escuchando el ruido de sirenas entre la bruma. Notó que una niebla espesa se extendía sobre el océano sin que pudiera observar nada que indicara que llegaría la claridad. Inmediatamente pronunció la siguiente afirmación: "No hay nieblas en la Mente Divina; ¡que se levante la niebla! ¡Doy gracias para que salga el sol!"

Poco después el cielo se despejó y el sol apareció. Esto demuestra que el hombre tiene dominio sobre "los elementos y todas las cosas creadas".

Cada hombre tiene el poder de levantar la niebla de su vida, ya sea que se llame falta de dinero, de amor, de felicidad o de salud.

¡Agradece siempre para que salga el sol!

ÉXITO

Algunas palabras o ciertas imágenes causan una profunda impresión en nuestra mente subconsciente.

Un hombre me llamó un día para pedirme que pronunciara la palabra adecuada para conseguir un trabajo justo.

Le di la siguiente afirmación: "Mira cómo abro ante ti la puerta del destino y no hay hombre que pueda cerrarla".

Esta frase al parecer no le impresionó demasiado; sin embargo, una inspiración me hizo agregar: "Y no hay hombre que pueda cerrarla porque siempre ha estado abierta". Pareció como si el hombre hubiera recibido una descarga eléctrica y se marchó como caminando entre las nubes. Unas pocas semanas después le ofrecieron un alto cargo en una lejana ciudad. Todo esto se realizó por caminos milagrosos.

Otro ejemplo que nos revela el valor de las corazonadas es el de una mujer que no tuvo miedo de seguir su intuición. Ella trabajaba por un salario de miseria cuando leyó mi libro *El juego de la vida y cómo jugarlo*. De pronto decidió empezar un negocio propio en el ramo de la pastelería.

Como no tenía dinero para llevar a cabo su empresa, "pronunció la palabra para su suministro". ¡Aquél le llegó por caminos milagrosos; consiguió un local y el personal necesario y la pastelería se abrió!

Desde el primer día estuvo llena de clientes y actualmente está "repleta y rebosando" de ellos e incluso hacen cola esperando ser atendidos.

Un día festivo sus empleados estaban desanimados temiendo que no hubiera ningún cliente, pero mi alumna respondió que dios era su proveedor y que cada día era un buen día.

En la tarde un viejo amigo vino a ver la tienda y le compró una caja de caramelos. Le entregó un cheque y cuando la mujer lo miró, notó que era por mil dólares. ¡Por supuesto que había sido un buen día! ¡Mil dólares por una caja de caramelos!

Ahora siempre me comenta que cada mañana entra en su tienda con asombro y dando las gracias por haber tenido la fe intrépida que triunfa.

AFIRMACIONES

Las condiciones son las mejores para que se exprese la acción divina y me llegue el bienestar por la gracia de una manera mágica.

Ahora alejo de mí toda condición y toda situación inarmónica.

El orden divino inunda mi mente, mi cuerpo y mis negocios.

Heme aquí, haciendo todas las cosas nuevas.

Lo que parecía un bien imposible de alcanzar llega ahora y lo inesperado sucede.

De norte a sur y de este a oeste, los "cuatro vientos del éxito" soplan ahora hacia mí y me traen el bienestar infinito.

Cristo en mí está resucitando, ahora se cumple mi destino.

La prosperidad infinita me llega por caminos infinitos.

Resueno mis címbalos y me regocijo, pues dios me precede haciendo claro, fácil y próspero mi camino.

Agradezco a dios por mi éxito arrasador.

Trabajo con el espíritu y sigo el plan divino de mi vida, por eso los obstáculos desaparecen de mi vista.

Tengo la fuerza suficiente para enfrentar cada situación.

Siempre estoy alerta para mi bienestar, y recojo la cosecha de las oportunidades infinitas.

Estoy en armonía, equilibrado y magnético.

Ahora atraigo hacia mí mi propio bienestar. Mi poder es el poder de dios y es irresistible.

El orden divino mora ahora en mi mente, en mi cuerpo y en mis asuntos.

Mis más grandes esperanzas se realizan por caminos milagrosos; veo con claridad y actúo con rapidez.

Lo que por derecho es mío me es dado por la gracia de dios y nadie me podrá arrebatar nada.

Ahora, en el nombre de Jesucristo se me revela un reino ignorado de abundancia.

La puerta del destino está abierta para mí y no hay hombre que pueda cerrarla, pues siempre ha estado firmemente clavada.

El flujo del destino ha cambiado y ahora viene por mi camino trayéndome paz, amor y abundancia.

He dejado el pasado atrás y ahora vivo en el maravilloso presente, donde cada día recibo una sorpresa maravillosa.

No hay posibilidades perdidas en la Mente Divina; si una puerta se cierra otras se abren.

Tengo un trabajo mágico en un sendero mágico, doy un servicio mágico para un tratamiento mágico.

El genio que hay en mí se ha liberado. Ahora se cumplirá mi destino.

Cada obstáculo que enfrento se convierte en una oportunidad. Todas las cosas en el universo, visibles e invisibles, están trabajando para mi bienestar.

Los muros de Jericó se derrumbaron por gracia de dios, así como los muros de toda carencia, toda limitación y todo fracaso son borrados de mi consciencia en el nombre de Jesucristo.

Estoy ahora en el camino real del éxito, de la felicidad y de la abundancia.

Seguiré sembrando buenas acciones para poder cosechar los frutos.

¡Dios camina delante de mí, por eso la batalla está ganada! Todos los enemigos han sido vencidos.

He conseguido la victoria en el nombre de Jesucristo.

Nada puede oponerse a mi bienestar porque nada obstaculiza a la Mente Divina.

Todos los obstáculos ahora desaparecen de mi sendero.

El ritmo, la armonía y el equilibrio se establecen ahora en mi espíritu, en mi corazón y en mis asuntos.

La voluntad del hombre no puede interferir con la voluntad de dios, la cual se efectúa ahora en mi mente, en mi cuerpo y en mis asuntos.

El plan de dios para mí es permanente y no puede ser cambiado.

Soy fiel a mi visión celeste.

Las experiencias concretas guían los deseos de mi corazón. Ahora toma su forma definitiva el plan divino de mi vida.

Ahora extraigo de la sustancia universal, con un poder y una determinación irresistibles, lo que es mío por derecho divino.

Pongo esta situación en manos del amor y de la sabiduría infinitos. Dejo que la idea divina se realice ahora.

Mi bienestar ahora fluye hacia mí en una corriente de éxito, felicidad y abundancia constante, ininterrumpida y siempre creciente.

En el reino de dios no hay oportunidades perdidas. Cuando una puerta se cierra, otra se abre.

"No hay nada que temer puesto que no hay poder que nos hiera."

Trabajo en armonía con la Inteligencia Infinita, que hace fácil y próspero mi camino.

La tierra en la que pongo mis pies es una tierra santa; es una tierra próspera.

Nuevos campos de actividad divina se abren ahora ante mí. Se abren puertas inesperadas y los canales inesperados están libres.

Lo que dios ha hecho por otros, él puede hacerlo por mí, ¡y aún más!

Yo soy necesario a dios como él lo es para mí, pues yo soy el medio para llevar a cabo su plan.

Con dios y conmigo todas las cosas son posibles.

El dar precede al recibir y mis regalos a otros preceden a los dones que dios me destina.

Cada ser humano es un eslabón de oro en la cadena de mi bienestar.

Mi equilibrio está firme como una roca. Veo con claridad y actúo de manera oportuna.

Dios no puede fracasar; yo tampoco puedo fracasar, porque él me sustenta.

Tu reino, Señor, viene a mí, tu voluntad se realiza en mí y en mis asuntos.

Prosperidad

(Ver también *El juego de la vida y cómo jugarlo.*)

Dios provee al hombre de todo lo que requiere o desea para recorrer su sendero y cumplir con el plan divino, y el medio por el que lo obtiene son la fe y la palabra hablada.

"Si tienen fe, todas las cosas son posibles."

Una mujer que quería ser algo importante en el mundo del teatro, pero que carecía de experiencia y contactos, acudió a mí y me comentó lo que había ocurrido después de que leyó mi libro *El juego de la vida y cómo jugarlo.*

Había elegido la siguiente afirmación: "Espíritu Infinito, abre el camino para que llegue a mí la gran abundancia. Soy un imán irresistible para que todo lo que me pertenece llegue a mí por derecho divino".

Y logró conseguir un papel muy importante en una ópera exitosa.

Ella me dijo: "Fue un milagro producido por esta afirmación que he repetido cientos de veces".

AFIRMACIONES

Inmediatamente llega a mí la abundancia de manera inagotable.

¡Todos los canales están libres!

¡Todas las puertas se abren!

Estoy encadenado a una corriente dorada de prosperidad infinita que viene hacia mí bajo la gracia y por caminos perfectos. Ahora libero la mina de oro que hay en mí.

La bondad y la misericordia van tras de mí todos los días de mi vida y habitaré en la casa de la abundancia por siempre.

Mi dios es un dios de abundancia. Ahora recibo todo lo que deseo o necesito y aun mucho más.

Todo lo que es mío por derecho divino ahora ha sido liberado y fluye hacia mí en una gran avalancha de abundancia, bajo la gracia por caminos milagrosos.

Mis recursos son infinitos, inagotables e inmediatos; y llegan a mí bajo la gracia por caminos perfectos.

Todos los canales están libres y todas las puertas se abren para que el diseño divino me sea suministrado.

Mis naves navegan sobre un mar en calma, bajo la gracia y por perfectos caminos.

Los millones que son míos por derecho divino fluyen ahora y forman una pila bajo la gracia y por caminos perfectos. Agradezco a dios por esto.

Se abren las puertas inesperadas, los canales insospechados aparecen libres y una avalancha infinita de abundancia fluye sobre mí, bajo la gracia y por caminos perfectos.

Mis suministros son inagotables e inmediatos, por eso gasto el dinero bajo una sabia inspiración directa y sin temor.

No tengo miedo de gastar mi dinero porque dios es mi suministro inmediato e inagotable.

Felicidad

La felicidad debe ganarse, así se lee en letras luminosas en la maravillosa película *El ladrón de Bagdad.*

La felicidad se gana por medio de un control perfecto de nuestras emociones naturales.

La felicidad no puede existir donde hay temor, aprensión, odio o terror. La fe en dios produce un sentimiento de confianza, seguridad y felicidad.

En el momento en que una persona se da cuenta de que el poder invencible de dios la protege a ella y a todo lo que ama, y que vela por el cumplimiento de los deseos correctos de su corazón, deja de temer; se siente feliz, relajada, en armonía y satisfecha. Ya no la alteran las situaciones adversas. Tiene la convicción de que la Inteligencia Infinita protege sus intereses y que utiliza cada situación adecuada para brindarle bienestar.

"Haré un camino en el yermo y ríos en los desiertos."

El resentimiento ha arruinado más hogares que el alcoholismo y ha matado más gente que la guerra. Los enfados, los resentimientos, la mala voluntad, los celos y la venganza le roban al hombre la felicidad y lo llevan por el camino de la enfermedad, el fracaso y la pobreza.

Recuerdo el caso de una mujer saludable y feliz, que estaba muy enamorada de su esposo. Éste murió un día y dejó una parte de sus bienes a un pariente. La mujer se llenó de resentimiento. Perdió peso, fue incapaz de trabajar, desarrolló cálculos biliares y se enfermó de gravedad.

Un metafísico que la visitaba le dijo: "Mujer, ¿ves lo que el odio y el resentimiento te han hecho? Han sido los causantes de esas piedras que se han formado en tu cuerpo y que sólo podrán curarse cuando perdones de buena voluntad".

La mujer entonces comprendió la verdad de la declaración. Decidió perdonar y gracias a eso pudo recuperar su equilibrio moral y una excelente salud.

AFIRMACIONES

Ahora estoy inundado de esa felicidad que fue planeada para mí desde el comienzo de los tiempos.

Mis granjas están llenas, mi copa se desborda por la alegría.

Mi bienestar infinito llega a mí a través de innumerables caminos.

Tengo una alegría maravillosa en una forma maravillosa; y esta alegría maravillosa ha llegado a mí para quedarse.

Cada día llegan a mí sorpresas extraordinarias. "Y miro con asombro aquella que está ante mí."

Camino valientemente hacia el león que obstaculiza mi camino y descubro que en realidad es un cachorro amigable.

Todo en mí es armonioso, feliz y radiante. Estoy libre de la tiranía del temor.

La felicidad es mía por toda la eternidad, porque está asentada firmemente sobre la roca.

Mi bienestar fluye ahora hacia mí en una creciente e ininterrumpida corriente de felicidad.

Nadie puede interferir en mi felicidad porque es asunto de dios.

Yo soy uno con dios; yo tengo ahora conmigo los deseos de mi corazón.

Agradezco a dios mi felicidad permanente, mi salud permanente, mi riqueza permanente y mi amor permanente.

Me siento armonioso; feliz y divinamente magnético. Conduzco mis naves por un mar en calma.

Las ideas de dios para mí son perfectas y permanentes.

El deseo de mi corazón es una idea perfecta en la Mente Divina; invariable e indestructible, y ahora se realiza, bajo la gracia en una forma mágica.

Amor

Por lo general, con el amor llega también una sensación de incertidumbre y temor. La mayoría de las mujeres del mundo vive con el miedo secreto y constante de que aparezca una rival imaginaria que le robe a su amor.

Tan pronto como la mujer visualice tal interferencia, ésta vendrá en su papel de "la otra". Para una mujer, con frecuencia es muy difícil imaginarse y sentirse amada por el hombre al que ella ama. Estas afirmaciones imprimirán la verdad de esta situación en su mente subconsciente, porque en realidad sólo existe la unidad.

AFIRMACIONES

Así como soy uno con dios, el uno indivisible; soy uno con mi amor indivisible y mi felicidad indivisible.

La luz de Cristo en mí elimina todo miedo, duda, ira y resentimiento. El amor de dios me llena con una corriente magnética irresistible. Sólo veo la perfección y atraigo hacia mí lo que es mío.

Ahora el amor divino, a través de mí, desvanece todos los obstáculos aparentes y hace más claro, feliz y exitoso mi camino.

Yo amo a todos y todos me aman. Mi enemigo aparente se convierte en mi amigo, en un eslabón dorado en la cadena de mi bienestar.

Me siento en paz conmigo mismo y con el mundo entero. Amo a todos y todos me aman.

Las compuertas de mi bienestar se abren ahora.

Matrimonio

Un matrimonio sólo durará si está cimentado en la roca de la unidad. "Dos almas con un solo pensamiento, dos corazones que laten como uno solo."

El poeta lo ha entendido, pues a menos que el hombre y su esposa vivan los mismos pensamientos (o vivan en el mismo mundo de pensamientos), cada uno inevitablemente seguirá su propio camino.

El hombre atrae las creaciones de su pensamiento, ya que el pensamiento es una fuerza vibratoria poderosísima.

Por ejemplo: Un hombre y una mujer se casaron y vivieron aparentemente felices. Él empezó a tener éxito en los negocios y sus gustos se hicieron más refinados, mientras que su mujer seguía viviendo en las limitaciones de su consciencia.

Cada vez que el esposo necesitaba comprar algo iba a las mejores tiendas y escogía lo que necesitaba sin importarle el precio.

Por el contrario, su mujer sólo frecuentaba tiendas baratas. Es como si en el pensamiento él viviera en la Quinta Avenida y ella en la Tercera. De manera inevitable se produjo la ruptura y la separación.

Son muy comunes los casos de hombres ricos y triunfadores que abandonan a sus compañeras que han trabajado leal y duramente junto a ellos. Hay que aconsejar a las mujeres que se mantengan al par de los gustos y las ambiciones de su marido, para que habiten en su pensamiento, pues en lo que un hombre piensa es donde está su corazón.

Existe para cada persona su "otra mitad" o selección divina. Estos dos seres deberán ser uno en el mundo de sus pensamientos. Son una pareja "que dios ha unido y que nadie puede separar".

"La pareja deberá ser uno", pues en la mente superconsciente de cada uno de nosotros formamos parte del mismo plan divino.

AFIRMACIÓN

Doy gracias porque el matrimonio que se ha realizado en el cielo se manifiesta ahora sobre la Tierra.

"Los dos deberán ser uno" ahora y por toda la eternidad.

Perdón

AFIRMACIONES

Yo perdono a todos y todos me perdonan. Las puertas se abren para mi bienestar.

Me someto a la ley del perdón. Estoy libre de errores y de las consecuencias de todos ellos. Me acojo bajo la gracia y no bajo la ley kármica.

Incluso si mis errores fueran escarlata, me volveré más blanco que la nieve.

Lo que no ha sucedido en el reino nunca sucederá en ninguna parte.

Palabras de Sabiduría

AFIRMACIONES

"La fe sin valor es una fe muerta."

No hay ninguna distancia entre la copa correcta y la boca correcta.

Nunca mires o no podrás saltar.

Dios obra maravillas en lugares inesperados, con gente inesperada y en momentos inesperados.

———

El poder se mueve, pero no puede ser movido.

———

El amor a nuestro prójimo no busca limitarlo con palabras, pensamientos o actos.

———

"Nunca razones una corazonada."

———

Cristóbal Colon siguió una corazonada.

———

El reino de los cielos es el reino de las ideas perfectas.

———

Siempre está oscuro antes de la aurora, pero la aurora nunca falla. Confía en la aurora.

Nunca dudes en tocar las trompetas, hazlo sin temor.

Los actos intrépidos son los más importantes.

No hagas hoy lo que la intuición dice que hagas mañana.

La vida es extraordinaria si no la razonas.

Respeta a tu prójimo como a ti mismo.

Nunca obstaculices las corazonadas de los demás.

El egoísmo ciega y bloquea. Cada pensamiento amistoso y desinteresado lleva en sí el germen del éxito.

No te canses de creer. Cuando menos lo esperes cosecharás.

La fe es flexible. Estírala hasta el final de tu demostración.

Antes de pedir se te ha contestado, pues el suministro precede a la demanda.

Lo que hagas por los demás lo estás haciendo para ti mismo.

Cada acto cometido mientras estás enfadado o resentido provoca una reacción desafortunada.

A la mentira y a la astucia les siguen llantos y desgracias. El camino del trasgresor es duro. "Nada bueno le será quitado a aquel que camina correctamente."

No hay poder en el mal. El mal no existe; por lo tanto, sólo conduce a la nada.

El temor y la impaciencia desmagnetizan. El equilibrio magnetiza.

Josafat hizo sonar sus címbalos para no escuchar sus pensamientos, así deberás ahogar tú los razonamientos de la mente con tus afirmaciones.

Cada hombre es libre de obedecer la voluntad de dios. Siempre hay una salida para cualquier situación, bajo la gracia. La esclavitud es una ilusión de la consciencia humana.

La certeza es más poderosa que el optimismo.

"Las ideas divinas nunca están en conflicto."

Es peligroso detenerse en medio de una corazonada, pero para el Espíritu Infinito nunca es demasiado tarde.

Fe

La esperanza nos hace mirar hacia el futuro. En cambio, la fe sabe que ya ha recibido y actúa en consecuencia.

En mis clases insisto en la importancia de cavar pozos (o lo que es lo mismo, prepararse para recibir las cosas que pedimos). Esto es un signo de que nuestra fe es activa y ocasiona la demostración.

Llamaba a uno de mis estudiantes "el alma de la fiesta", porque siempre me hacía preguntas con la intención de que no pudiera contestarlas. Nunca consiguió su objetivo; pero recuerdo que un día me preguntó: "¿Por qué hay tantas mujeres que preparan su ajuar durante años y nunca se casan?" Yo le respondí: "Porque lo preparan con esperanza pero sin fe".

Es muy importante que la muchacha que desea casarse no viole la ley al contárselo a otras. Sus amigas, por mucho que la quieran, se sientan sobre el arcón de su ajuar y dudan o esperan que el proyecto de su amiga nunca se realice.

Por esta razón, deberán guardar su ajuar en un arcón de fe y mantenerlo fuera de los ojos de los demás. No hay que olvidar pronunciar la palabra para que se realice la selección divina de un marido, bajo la gracia en una manera perfecta.

Aquellos que dios ha unido no pueden ser separados por ningún pensamiento.

Debo recordarles que un alumno nunca debería hablar de una demostración hasta que ésta ya "haya cuajado", o sea visible en lo externo.

"Ora a tu padre que está en el secreto, y tu padre, que conoce el secreto, te recompensará públicamente."

AFIRMACIONES

Las apariencias negativas trabajan para mi beneficio, pues dios utiliza a cualquier persona y cualquier situación para dar cumplimiento al deseo de mi corazón.

¡Los impedimentos son bondades y los obstáculos son trampolines!

¡Ahora salto hacia mi bienestar!

Así como soy uno con el Uno Indivisible, soy uno con mi bienestar indivisible.

Así como la aguja de la brújula se orienta fielmente hacia el norte, lo que es mío por derecho me permanece fiel.

¡Yo soy el norte!

Un cordón magnético, invisible e irrompible me une a todo lo que me pertenece por derecho divino.

Tu voluntad se realiza en mí y mis asuntos.

El diseño divino de mi vida se realiza ahora, pues cada plan que mi padre en el cielo no ha concebido fracasa.

Nadie me podrá arrebatar nunca lo que dios me ha dado, pues sus dones son para toda la eternidad.

Mi fe está edificada sobre una roca y los deseos de mi corazón se realizarán ahora, bajo la gracia de un modo milagroso.

Mis campos brillan con la blancura de la cosecha. Veo mi bienestar en un resplandor dorado de gloria.

Dios es mi suministro inmediato e infalible de todo bienestar.

Soy fuerte y equilibrado, mis esperanzas más grandes se realizan de una forma milagrosa.

Mi fe es como el agua que riega un desierto y hace que florezca un rosal.

Ejerzo ahora mi fe inquebrantable de tres maneras: por el pensamiento, la palabra y la acción.

Me mantengo inmóvil ante las apariencias, y por esta razón son las apariencias las que se mueven.

Permanezco firme, inamovible, dando las gracias porque mi bienestar, que parecía irrealizable, va a cumplirse, pues para dios todo es fácil y su momento es ahora.

Nadie puede vencer a dios, por consiguiente, nadie puede vencerme.

Espero pacientemente en el Señor, y confío en él. Cada hombre es un eslabón dorado en la cadena de mi bienestar, por eso no me irrito contra los malvados (ver el salmo 37).

La fe valerosa de Cristo me acompaña siempre. Cuando me acerco las barreras caen y los obstáculos desaparecen.

Permanezco firme, inamovible, pues en los campos ya blanquea la cosecha. Mi fe invencible en dios me lleva ahora a la realización del plan divino de mi vida.

Rechazo todo miedo en nombre de Jesucristo, pues no hay nada que pueda dañarme.

Dios es el único poder.

Estoy en perfecta armonía con el trabajo de la ley, pues sé que la Inteligencia Infinita no conoce obstáculos, tiempo o espacio. Sólo conoce el cumplimiento.

Dios realiza todas sus maravillas de forma mágica e inesperada.

Le muestro a dios que creo en la realización de sus promesas. Ahora me preparo para cumplir los deseos de mi corazón.

Cavo ahora mis pozos profundamente con fe y comprensión y el deseo de mi corazón se realiza de una manera sorprendente.

Mis pozos se llenarán en el momento correcto, teniendo todo lo que había pedido y aún mucho más.

Ahora "hago huir al ejército de extranjeros" (los pensamientos negativos). Ellos se alimentan del temor y la fe los hace morir de inanición.

Las ideas de dios no pueden ser modificadas; por lo tanto, lo que es mío por derecho divino no me podrá ser quitado.

Agradezco a dios que haya colmado por completo los justos deseos de mi corazón.

Las montañas se han movido, los valles se han alzado y los senderos tortuosos se han enderezado.

Habito en el reino de las realizaciones.

Tengo plena confianza en dios y dios tiene plena confianza en mí.

Las promesas de dios se edifican sobre la roca. Todo lo que pida me será concedido.

"Nunca dejes que se aleje el deseo de mi corazón."

No hay límites para el santo de Israel, en palabras, pensamientos o actos.

Con dios todas las cosas son fáciles y posibles.

Me aparto ahora y dejo que dios actúe.

Observo con qué rapidez y facilidad él satisface los deseos de mi corazón.

Antes de pedir, él ya me ha respondido. Ahora cosecho mi bienestar de un modo maravilloso.

Dios vela por los deseos de mi corazón y "nunca duerme ni descansa".

Las puertas que parecían clausuradas para mí, se abren ahora de un modo sorprendente. Jesucristo ha hecho de nuevo transitables los caminos que parecían imposibles.

Mi bienestar es una idea perfecta y permanente en la Mente Divina y nada ni nadie detendrá su manifestación.

¡Abandono toda la carga a Cristo que está conmigo y ahora camino libre!

PÉRDIDAS

Cuando perdemos algo es porque en el fondo de nuestra mente subconsciente creemos que existe la pérdida. Cuando se borra esta falsa creencia, el objeto o su equivalencia aparecen en lo externo.

¿Vemos un ejemplo? Una amiga me comentó que había extraviado una pluma de plata en un teatro. Hizo todo lo posible por encontrarla pero no pudo hallarla.

Negando la pérdida, repetía incansablemente esta afirmación: "Niego la pérdida, pues no hay pérdida posible en la Mente Divina; por lo tanto no puedo perder mi pluma. Me será restituida o recibiré su equivalente".

Después de algún tiempo, se encontró con una amiga que llevaba, en un cordón, alrededor de su cuello, una hermosa pluma de oro. Estuvieron conversando y al despedirse su amiga le apuntó en un papel su dirección. Al ver cómo miraba la pluma, le dijo: "¿Quieres esta pluma?"

Sumamente asombrada, y olvidando darle las gracias a su amiga, la mujer exclamó:

"¡Dios mío, qué maravilla! ¡Mi pluma de plata no era suficiente para mí!"

El hombre sólo puede perder lo que no le pertenece por derecho divino o aquello que no es digno de él.

AFIRMACIONES

No puedo perder nada que me pertenezca por derecho divino, ya que no hay pérdida posible en la Mente Divina.

¡Para la Inteligencia Infinita nunca es demasiado tarde! La Inteligencia Infinita conoce la forma de recobrar todo.

No puedo perder lo que me pertenece, puesto que en la Mente Divina no existe ninguna pérdida.

Me será restituido o recibiré su equivalente.

Deudas

Cuando una persona debe dinero o le deben a ella, esto demuestra que en su mente subconsciente cree en las deudas.

Si quiere modificar esta condición, deberá neutralizar este pensamiento.

Una mujer que acudió a pedirme ayuda me comentó que un hombre le debía varios miles de dólares desde hacía años y que nunca había podido hacer que le pagara.

Mi opinión fue la siguiente: "Has de actuar sobre ti misma y no sobre el hombre". Y le aconsejé que practicara la siguiente afirmación: "Niego toda deuda. No hay deudas en la Mente Divina;

nadie me debe nada; todo está en orden. Yo mando a este hombre mi amor y mi perdón".

A las pocas semanas recibió una carta que le informaba que su deudor tenía la intención de saldar la deuda y en los meses siguientes recibió varios miles de dólares.

Si ella hubiera sido la que debiera dinero, la afirmación habría cambiado: "No hay deudas en la Mente Divina; por tanto, no debo nada a nadie; todo está en regla".

"Ahora todas mis obligaciones se han borrado, bajo la gracia y de manera perfecta."

AFIRMACIONES

Rechazo toda apariencia de deuda; no existen deudas en la Mente Divina; por tanto, no le debo nada a nadie.

Todas las obligaciones me son quitadas bajo la gracia y de manera milagrosa.

Niego las deudas; no hay deudas en la Mente Divina; nadie me debe nada; todo está en regla. Envío amor y perdón a todos los seres humanos.

Ventas

Una mujer que vivía en una capital de provincia quería vender su casa y sus muebles. Era invierno y había nevado tanto que parecía imposible que ningún coche o camión pudiera llegar hasta su puerta. Sin embargo no se dejaba desanimar por la apariencia exterior. Se había puesto en las manos de dios, por tanto, pulió sus muebles y los hizo colocar en el centro del salón y se preparó para venderlos.

Ella me relató: "En ningún momento me asomé por la ventana para ver cómo caía la nieve, simplemente confié en las promesas de dios".

En forma milagrosa llegó la gente y al poco tiempo había vendido todos los muebles sin necesidad de pagar ninguna comisión a ningún agente.

La fe nunca mira por la ventana cuando nieva, simplemente se prepara para recibir las bendiciones que ha pedido.

AFIRMACIÓN

Doy las gracias porque este objeto (o propiedad) se va a vender ahora a la persona correcta, por un precio justo, y tanto el comprador como yo estaremos satisfechos.

Entrevistas de trabajo

AFIRMACIONES

No hay competencia en el plano espiritual. Lo que es mío, me ha sido dado bajo la gracia.

Me identifico en amor con el espíritu de esa persona (o esas personas). Dios protege mis intereses y la idea divina se manifiesta ahora en esta situación.

Guías

El hombre siempre encuentra en el camino a su guía.

Una mujer que vivía una situación desgraciada y por lo mismo tenía muchos problemas, se preguntaba: "¿Es que esto no acabará nunca?"

Su criada, que estaba cerca de ella, para distraerla comenzó a platicarle su vida. Los problemas de la mujer le impedían interesarse en lo que decía su criada, pero la escuchaba con paciencia.

La criada seguía con su conversación; le dijo que había trabajado en un hotel y que uno de sus compañeros era un jardinero muy simpático, que siempre salía con alguna ocurrencia. La muchacha continuó: "En una ocasión en que había estado lloviendo durante tres días, le pregunté: '¿Crees que mejorará el tiempo?' Y él me contestó: '¡Oh dios! ¿Acaso todo no acaba mejorando siempre?'"

¡La mujer se quedó sorprendida! Su criada le había dado la respuesta perfecta a sus preguntas. Y le dijo con respeto: "Sí, con la ayuda de dios, todo se aclara". Poco tiempo después, y de un modo misterioso e inexplicable, sus problemas se solucionaron.

AFIRMACIONES

Espíritu Infinito, dame la sabiduría para poder sacar el máximo provecho de las oportunidades que se me presenten.

No me dejes caer en las trampas.

Yo siempre obedezco la inspiración directa; estoy bajo su mandato. Sé exactamente cómo actuar y la intuición me guía instantáneamente.

El ángel de mi destino va delante de mí, me cuida en todos mis caminos.

Soy manso y humilde de corazón y por eso tengo todo el poder.

¡No importa en qué lugar llegue, aunque sea al último siempre llegaré primero!

Coloco ahora sobre el altar mi voluntad personal.

Señor, que se haga tu voluntad, no la mía; tu camino, no el mío; tu momento, no el mío. ¡Y en un parpadeo todo se realiza!

No hay misterios en el reino. Todo lo que deba saber me será revelado, bajo la gracia perfecta.

Soy un instrumento perfecto de dios, sumiso a su acción, y obediente a su plan perfecto para mí, que se cumple ahora de un modo mágico.

PROTECCIÓN

AFIRMACIONES

Estoy rodeado por la luz blanca de Cristo, y nada negativo puede atravesarla.

Camino en la luz de Cristo y los gigantes creados por mis miedos se desvanecen.

Nada puede contraponerse a mi bienestar.

Memoria

AFIRMACIÓN

No hay pérdida de memoria en la Mente Divina; por tanto, recuerdo todo lo que debo recordar y olvido todo lo que no genera mi bienestar.

El designio divino

Existe un plan divino para cada hombre.

Así como la imagen perfecta de un roble está contenida en algo tan pequeño como una bellota, el modelo divino de nuestra vida está en la mente superconsciente del hombre.

El plan divino sólo está formado por la salud, la riqueza, el amor y la expresión perfecta de uno mismo; sin limitaciones.

Por esta razón el hombre deberá vivir cada día de acuerdo con el plan divino diseñado para él o padecerá reacciones desagradables, si se aparta de su camino con la selección divina.

Una dama me comentó que cuando se estaba mudando a un apartamento nuevo, el cual estaba casi completamente amueblado, le llegó a la mente la siguiente idea: "En este lado de la habitación quedaría bien un biombo".

Pocos días después, pasó al lado de una tienda de antigüedades y vio un magnífico biombo chino, ricamente esculpido. Al preguntar el precio, el vendedor le dijo que costaba mil dólares, pero que su propietario estaría dispuesto a dejarlo por menos dinero. Y le preguntó: "¿Cuánto es lo que usted ofrece por él?"

Sin pensarlo, la dama dijo: "¡Doscientos dólares!" Y el vendedor le dijo que se lo haría saber al propietario. Por supuesto, la dama no quería robar a nadie ni obtener algo que no le perteneciera por derecho. Así que cuando volvía a su casa se decía a sí misma: "Si es para mí, no puedo perderlo. Y si no es para mí, no lo quiero". Era un día nevado y como para reafirmar sus palabras, empezó a patear la nieve, limpiando la entrada a su departamento.

Varios días después recibió una carta del propietario del biombo en la que le informaba que estaba de acuerdo con su precio.

Hay una provisión para cada petición, ya se trate de un biombo chino o de millones de dólares.

"Antes de que me llames, te contestaré", pero a menos que la selección divina sea un biombo o miles de dólares, no nos traerá la felicidad.

"A menos que el Señor construya tu casa, si otros la construyen trabajarán en vano" (salmo 127-1).

AFIRMACIONES

Abandono lo que no esté planeado divinamente para mí y doy la bienvenida al plan perfecto de mi vida.

Nadie podrá quitarme nunca lo que es mío por derecho divino.

El plan perfecto de dios para mí está asentado sobre una firme roca.

Sigo el camino mágico de la intuición y bajo la gracia me encuentro en la tierra prometida.

La imagen divina modela ahora mi mente, mi cuerpo y mis asuntos.

Dios es el único poder y ese poder está conmigo. Sólo hay un plan, el plan de dios, y ahora se realizará completamente.

Ahora obtengo de la sustancia universal todo lo que satisface los justos deseos de mi corazón y doy gracias por ello.

El plan divino de mi vida se realiza ahora. Estoy en el lugar indicado para mí, el cual nadie más puede ocupar. Hago ahora las cosas que sé hacer y que nadie más que yo puede hacer.

Estoy completamente preparado para aceptar el plan divino de mi vida; enfrento con equilibrio cualquier situación.

Todas las puertas se abren ante sorpresas felices y el plan divino de mi vida se realiza rápidamente bajo la gracia y de manera perfecta.

Salud

Todas las enfermedades provienen de un pecado o de una trasgresión a la ley espiritual. ¡Cuando un hombre vive feliz y en armonía goza de excelente salud!

El resentimiento, la mala voluntad, el odio, el temor y todos los sentimientos negativos destruyen las células del cuerpo y envenenan la sangre.

Los accidentes, la vejez y la muerte misma, son producto de falsas imágenes mentales que creamos en nuestra mente inconsciente.

Jesucristo dijo: "Por tu curación, tus pecados te son perdonados".

Cuando un hombre se vea a sí mismo como dios lo ve a él, volverá a ser radiante, eterno e ignorante de la enfermedad y la muerte, pues "dios creó al hombre a su imagen y según su semejanza".

AFIRMACIONES

Niego el cansancio, pues a mí nada puede fatigarme.

Vivo en el reino de la eterna alegría donde todo me absorbe y me interesa.

Mi cuerpo es un "cuerpo eléctrico" y nada, ni el tiempo o el cansancio, el nacimiento o la muerte tienen algún poder sobre él.

¡No existen el espacio ni el tiempo!

¡No hay muerte ni nacimiento, sólo el maravilloso ahora!

¡Soy uno con el Único!

Tú eres en mí:

    La alegría eterna.

    La juventud eterna.

    La riqueza eterna.

    La salud eterna.

    El amor eterno.

    La vida eterna.

Mi cuerpo es perfecto; está creado a imagen y semejanza de dios; soy un ser espiritual.

La luz de Cristo penetra ahora en cada célula de mi cuerpo. Doy las gracias por mi salud radiante.

Ojos

Visión imperfecta. Correspondencias: temores, sospechas, miedo a los obstáculos. Estar siempre al acecho de las desgracias. Vivir siempre en el pasado o el futuro pero no en el AHORA.

AFIRMACIONES

La luz de Cristo inunda ahora mis ojos. Poseo la visión clara y cristalina del espíritu. Veo y distingo claramente que no hay obstáculos en mi sendero. Veo claramente la realización de los deseos de mi corazón.

Veo a través de los obstáculos aparentes. Veo claramente cómo se realiza el milagro.

Poseo la visión clara y cristalina del espíritu. Todos los caminos están abiertos, lo veo claramente. No hay obstáculos en mi sendero. Atestiguo cómo se realizan los milagros y maravillas a mi alrededor.

Agradezco a dios por mi perfecta visión. Veo a dios en cada ser y en el bienestar de cada situación.

Mi vista, clara como el cristal, es la del espíritu. Miro hacia arriba, hacia abajo y a mi alrededor, pues mi bienestar viene del norte, del sur, del este y del oeste.

Mis ojos son los ojos perfectos de dios. La luz de Cristo me inunda e ilumina mi sendero. Veo claramente que no hay leones en mi camino, sino solo ángeles y bendiciones infinitas.

Anemia

Correspondencias:
aspiraciones insatisfechas.
Falta de felicidad.

AFIRMACIÓN

Estoy alimentado por el espíritu que está en mí. Cada célula de mi cuerpo está llena de luz. Doy las gracias por mi radiante salud y mi felicidad infinita.

(Esta afirmación puede utilizarse para la sanción de cualquier enfermedad.)

OÍDOS

La sordera.
Correspondencias: fuerte voluntad personal,
terquedad y ganas de no oír ciertas cosas.

AFIRMACIÓN

Mis oídos son los oídos del espíritu. La luz de Cristo penetra mis oídos desvaneciendo toda dureza o malformación.

Escucho claramente la voz de la intuición y la obedezco al instante.

Escucho claramente las buenas nuevas con enorme felicidad.

Reuma

*Correspondencias:
búsqueda de fallas, crítica.*

AFIRMACIÓN

La luz de Cristo circula ahora por mi consciencia y elimina todos los pensamientos ácidos y negativos.

Amo a todos y todos me aman.

Doy las gracias por mi salud radiante y mi felicidad.

TUMORES

Correspondencias:
celos, odios, resentimientos, temores.

AFIRMACIÓN

Cada planta que no haya plantado mi padre en el cielo será arrancada de raíz. Toda idea falsa en mi consciencia se disipa ahora. La luz de Cristo penetra a través de cada célula y cada tejido de mi cuerpo. Agradezco infinitamente por mi salud radiante y por mi felicidad presente y eterna.

Enfermedades del corazón

Correspondencias: temores, cólera.

AFIRMACIÓN

Mi corazón es una idea perfecta de la Mente Divina y ahora ocupa el lugar correcto para desempeñar la función correcta en condiciones correctas.

Es un corazón feliz, un corazón que ama y carece de miedos.

La luz de Cristo fluye por cada célula de mi corazón y yo doy las gracias por mi perfecta salud.

Animales

(Para el perro, por ejemplo.)

AFIRMACIONES

Niego toda apariencia de desorden. Este perro es una idea perfecta en la Mente Divina y expresa ahora la idea perfecta de dios para un perro perfecto.

La Inteligencia Infinita ilumina y dirige a este animal. Es una idea perfecta en la Mente Divina y ocupa siempre su lugar correcto.

ELEMENTOS

El hombre ha sido creado a imagen y semejanza de dios, por tanto se le ha otorgado el poder y el dominio sobre todas las cosas creadas.

Posee el poder suficiente para "reprender a los vientos y a las olas", puede incluso hacer que cesen las mareas y que llueva cuando lo necesite.

Quizá todos hemos oído hablar de una tribu de indios americanos que viven en el desierto, donde sólo disponen del poder de la oración para suscitar la lluvia necesaria para sus cosechas.

Realizan una danza de la lluvia, ya que como sabemos, la danza también es una forma de orar. En este ritual no se permite que participe ninguna persona afectada por algún temor. Además, para poder ser admitidos en la ceremonia tienen que pasar por unas pruebas de valentía.

Una mujer, que fue testigo ocular, me contó que un día de cielo azul vio cómo caía un verdadero diluvio; mientras el sol brillaba en lo alto.

Fuego

AFIRMACIÓN

El fuego es un amigo del hombre y siempre se encuentra en el lugar correcto, realizando el trabajo correcto.

Sequía

AFIRMACIÓN

No hay sequía en la Mente Divina. Agradezco infinitamente porque la lluvia cae en cantidades suficientes para regar las cosechas y los jardines.

Veo claramente cómo cae la lluvia benéfica y la manifestación se realiza ahora.

Tempestades

AFIRMACIÓN

El Cristo que hay en mí controla los vientos y las olas y luego trae una gran calma.

Veo claramente la paz establecida sobre la tierra y el mar.

Viajes

AFIRMACIÓN

Agradezco por este viaje divinamente planeado, realizado en una situación divinamente planeada y con recursos divinamente suministrados.

Pensamientos varios

Cuando el hombre siente odio, su mente subconsciente crea una imagen real que acaba manifestándose en la vida cotidiana, por eso es que las cosas que detesta, odia o teme ocurrirán con toda seguridad. La única forma de borrar estas imágenes es por medio de la no resistencia.

Un ejemplo que ilustra esto es el siguiente: una conocida mía estaba interesada en un hombre, pero él siempre le estaba comentando cosas de sus encantadoras primas.

Ella sentía tantos celos y rencor, que el hombre un día desapareció de su vida.

Tiempo después conoció a otro hombre que también le gustaba mucho. Sin embargo, un día que conversaban animadamente él mencionó también a unas primas a las que quería mucho.

Al principio, la mujer se molestó, pero luego al darse cuenta de que siempre acababa encontrándose con "las primas", sonrió.

Recordó la ley de la no resistencia y entonces bendijo a todas las primas y primos del universo; además les mandó pensamientos de comprensión, buena voluntad y simpatía, sabiendo que si no actuaba así, cada hombre que se acercara a ella con el tiempo se alejaría. Como era de esperarse, esta actitud le auguró el éxito y nunca más oyó hablar de las primas.

También conocí a una mujer que parecía siempre presumir de sus problemas. Continuamente le decía a todo aquel que quisiera escucharla: "¡Yo sí sé mejor que nadie lo que son los problemas!" Todo esto lo hacía sólo con el fin de atraerse unas palabras de consuelo y simpatía. Sin embargo, no se daba cuenta de que cuanto más mencionaba sus problemas, más dificultades tenía, pues con sus palabras ella misma "se condenaba".

Esta es la razón por la cual tanta gente tiene experiencias desagradables que se repiten a lo largo de su vida. Debería haber pronunciado palabras para neutralizar sus problemas en vez de multiplicarlos.

Si por ejemplo hubiera repetido constantemente: "Rechazo toda carga sobre el Cristo en mí y camino libre"; si no hubiera proclamado a los cuatro vientos su desgracia, ésta se hubiera borrado de su vida pues "por tus palabras serás justificado".

"Te daré la tierra que ves."

El hombre cosecha siempre en su vida externa lo que ha sembrado en el mundo de su pensamiento.

Una tarde una mujer que tenía necesidad de dinero, caminaba por la calle afirmando que dios era su proveedor inmediato. En ese momento se encontró en el suelo un billete de dos dólares. Lo recogió y se acercó a entregárselo a un policía, pero él le dijo que se lo quedara. Él lo había estado observando por un largo tiempo, pero había supuesto que se trataba del envoltorio de un dulce.

Con seguridad ella no fue la única persona que pasó por donde estaba el billete, pero los demás, pese a tener también necesidades, pasaron sobre él, sin verlo; pero fueron las palabras de fe de ella las que cumplieron su deseo, porque cuando tú vienes se abren igual que las hojas.

Lo que ocurrió en este caso es lo mismo que ocurre con otras oportunidades en la vida: algunos las ven y otros las dejan pasar.

"La fe sin trabajos (o acciones) está muerta."

Un alumno de la Verdad, para provocar la manifestación que pide en su oración, deberá demostrar una fe activa.

Recuerdo el caso particular de una señora que vino a pedirme que "pronunciara la palabra" para que pudiera alquilar un cuarto en su casa.

Le di la siguiente afirmación: "Doy gracias porque esta habitación ya está alquilada a la persona correcta y a un precio correcto, satisfactorio para ambas partes".

Sin embargo, pasaron las semanas y la habitación no había sido alquilada.

Entonces le pregunté: "¿De verdad tiene usted una fe activa? ¿Ha seguido cada corazonada que ha sentido a propósito de esta habitación?" Y la dama me contestó: "He tenido ganas de comprar una lámpara nueva para esta habitación, pero he decidido que es un gasto inútil que no puedo permitirme". Y enseguida le contesté: "No logrará alquilar esa habitación si no consigue esa lámpara, pues comprándola demostrará usted tener una fe activa e imprimirá en la mente subconsciente la noción de la certeza".

"¿Cuánto cuesta la lámpara?", le pregunté. "Cuatro dólares", me contestó. Yo exclamé: "¡Pues esa es la cifra que la separa a usted del inquilino perfecto!"

En ese momento sintió tal entusiasmo, que compró dos lámparas.

No hace falta decir que una semana después encontró al inquilino perfecto. No fumaba, pagaba por adelantado y poseía todas las características ideales.

"Sin visión, mi pueblo perecerá." A menos que el hombre tenga algún objetivo, alguna tierra prometida hacia la cual mire, comenzará a perecer. A menos que seamos como niños pequeños y cavemos nuestros pozos, no entraremos en el reino de la manifestación.

En cada uno de los hombres hay una tierra inexplorada, una mina de oro; sin embargo, podemos ver en las ciudades pequeñas que los hombres se sientan alrededor del fuego todo el invierno, sin "tener una ambición".

En una de esas ciudades del interior conocí a un hombre al que llamaban Magnolia Charlie, porque siempre en primavera era el primero en encontrar una magnolia en flor. Él era zapatero, pero cada tarde dejaba su trabajo para ir a la estación y ver cuando llegaba el tren de las 4:15 desde una lejana ciudad. Era lo único emocionante de su vida; la primera magnolia y el tren de las 4:15. Sentía vagamente el llamado de su visión en la mente subconsciente.

Yo nunca tuve dudas de que su plan divino incluía viajes y que podía llegar a ser un genio en el mundo de las plantas.

A través de la palabra hablada, el designio divino puede realizarse algún día y permitir a cada cual cumplir su destino.

"Veo claramente el plan perfecto de mi vida. El entusiasmo divino me inflama y ahora cumplo mi destino."

La actitud espiritual adecuada frente al dinero es aquella en la que se sabe que dios es el suministro del hombre, y que todos podemos obtener la abundancia por medio de la fe y de la palabra hablada. En el momento que podamos comprender esto, no existirá más la codicia ni el temor a gastar el dinero.

Con la bolsa mágica del espíritu, nuestra riqueza material es inagotable e inmediata y siempre el dar precede al recibir.

No se me olvida que una mujer vino en una ocasión a pedirme que pronunciara la palabra que le permitiera juntar 5 000 dólares antes del primero de agosto (ese día era el primero de julio).

Yo la conocía bien, por eso pude decirle con plena seguridad: "El problema con usted es que no da lo suficiente. Deberá abrir sus canales de suministro y dar".

Después de eso me comentó también que una de sus amigas le había insistido para que fuera a visitarla, pero que no quería ir; sin embargo, había aceptado la invitación porque no había sabido cómo negarse.

Me pidió que pronunciara la palabra para no tener problemas mientras estuviera en casa de su amiga durante tres semanas y regresar lo más pronto posible para disponer, a final de mes, de la cantidad que necesitaba.

Todo el tiempo que pasó en casa de su amiga estuvo inquieta y nerviosa pues sólo pensaba en regresar y obtener el dinero que necesitaba, pero no la dejaban marcharse.

Fue entonces cuando recordó mi consejo y le hizo un regalo a su amiga. Dentro de lo posible, ella le dio un pequeño obsequio.

Cada vez estaba más cercano el primero de agosto, y no había signos de los 5 000 dólares ni sabía cómo hacer para irse de la casa.

El último día de julio se dijo: "¡Dios mío! A lo mejor todavía no he dado bastante". Y repartió unas generosas propinas entre los sirvientes de la casa.

El primero de agosto, su huésped le dijo: "Querida, quiero hacerte un regalo", y le entregó un cheque por 5 000 dólares.

¡Dios trabaja en forma insospechada para realizar sus maravillas!

AFIRMACIONES

Dios es incapaz de separar o dividir; por esta razón, mi bienestar no puede ser ni dividido ni separado. Soy uno con mi bienestar indivisible.

Todo lo que es mío por derecho divino llega hasta mí libremente y con rapidez por caminos perfectos, bajo la gracia.

El trabajo de dios ya está terminado y debe manifestarse.

Me apoyo únicamente en mi fe y la abundancia ilimitada se manifiesta.

No importan las apariencias. Confío en dios y él me cumplirá enseguida los deseos de mi corazón.

Mi bienestar llega ahora a mí de una manera extraordinaria y sorprendente.

Nada puede alterar el plan divino de mi vida. Es incorruptible e indestructible. Sólo espera que yo lo reconozca.

No hay después, sólo es aquí.

Muéstrame el camino para que contemple claramente la bendición que tú me has dado.

———

Deja que tu bendita voluntad se realice en mí en este día.

———

Las corazonadas son los sabuesos que el cielo envía para que me lleven por el camino perfecto.

———

Todo lo que busco ahora también me está buscando.

———

Me dé cuenta de ello o no, la actividad divina está actuando ahora en mi mente, mi cuerpo y mis asuntos.

Ya que yo soy uno con la Presencia Única, me he convertido en uno con el deseo de mi corazón.

Ahora veo a través del ojo único del espíritu y sólo veo su fin.

Soy una idea perfecta en la Mente Divina y siempre estoy en el sitio correcto, haciendo mi trabajo correcto en el instante correcto, por un salario adecuado.

Sé el Cristóbal Colón que ve a través de ti.

Soy un imán irresistible para los cheques, los billetes y las monedas; pues todo me pertenece por derecho divino.

Tú eres en mí el complemento. Cuando pregunte, me contestarás.

La ley de dios es la ley de la abundancia y doy gracias por incrementarla bajo la gracia mediante rutas perfectas.

Resido en el mar de la abundancia. Mi suministro es claramente inagotable. Puedo observar la verdad en esta situación.

Mi "mundo de gusanos" ya no se manifiesta más y entro a la tierra prometida bajo la gracia.

Me siento en paz y sigo la ley de la no resistencia, por eso nadie podrá ofenderme.

Tú eres mi inspiración, mi revelación y mi iluminación.

*Nada es demasiado bueno
para que no sea verdad.*

*Nada es demasiado maravilloso
para que no suceda.*

*Nada es demasiado bueno
para que termine.*

Conclusión

Escoge la afirmación que más te guste y agítala sobre el problema que enfrentas.

Tienes tu varita mágica, para que tu palabra trabaje en equipo con dios.

"No deberán retornar hacia mí desprovistos, deberán cumplir para ser sentenciados" (Isaías 55-11).

"Pero les repito, ¿qué ellos no escuchan? Sí, en verdad sus sonidos van sobre toda la Tierra y sus palabras llegan hasta el fin del mundo" (Romanos 10-18).

ÍNDICE

Prólogo	5
La palabra es tu varita mágica	7
Éxito	11
Prosperidad	23
Felicidad	27
Amor	33
Matrimonio	37
Perdón	41
Palabras de sabiduría	43
Fe	49
Pérdidas	59
Deudas	63
Ventas	67
Entrevistas de trabajo	69
Guías	71
Protección	75
Memoria	77
El designio divino	79
Salud	85
Ojos	88
Anemia	90
Oídos	91

Reuma 92
Tumores 93
Enfermedades del corazón 94
Animales 95
Elementos 97
Fuego 98
Sequía 99
Tempestades 99
Viajes 101
Pensamientos varios 103
Conclusión 117

Esta obra se terminó de imprimir en abril del 2010
en los talleres de Trabajos Manuales Escolares S.A. de C.V.
Oriente 142 no. 216, col. Moctezuma 2da. Sección
C.P. 15500, México D.F.
Tiraje: 5000 ejemplares